참새와 빗방울

시에시선 084

참새와 빗방울

문정석 시집

詩와에세이

시인의 말

아이들이 유치원 다닐 때
삐뚤삐뚤한 그림을 보고 웃었는데

이것도 시(詩)냐고
봉숭아꽃 씨앗 터지는
아내의 잔소리,

행복하다

늦사랑을 알게 해 준
등피(鐙皮) 같은 안현심 시인과 문우들께
깊이 감사드린다

                        2024년 가을
                        문정석

차례__

시인의 말 · 05

제1부

장독대 · 13
해 질 녘 · 14
막걸리 · 15
아버지와 동태 · 16
도라지꽃 · 17
씨도둑 · 18
미술 시간 · 19
상수리 · 20
긴물 찻집에서 · 21
다리미 · 22
노부부 · 23
소똥이 밥이다 · 24
정지된 시간 · 25
공(空) · 26
부재중 전화 · 27
사라진 외갓집 · 28
연꽃 아기 · 30

제2부

참새와 빗방울 · 33
그날 · 34
꽃섬 · 35
깨알 · 36
약봉지 · 37
벚꽃 웃음 · 38
자전거 · 39
낯선 괴물 · 40
까치의 꿈 · 41
봄 마중 · 42
비와 꽃 · 43
늦은 시월 · 44
엄마의 시간 · 45
물렁해지기 · 46
길을 낸다 · 47
멈춘 시계 · 48
오래된 일기장 · 49

제3부

봄 · 53
할매의 시간 · 54
꽃을 기다리며 · 55
호미 소리 · 56
민들레 · 57
꽃과 여자 · 58
여행을 떠났다 · 59
뿌리내리기 · 60
무슨 색일까 · 61
나리꽃 · 62
봄씨 · 63
파란 연못 · 64
낯선 지붕 · 65
뱀사골 할매집 · 66
어린 새 · 67
매화, 피다 · 68
일상이 그립다 · 69

제4부

외할머니 · 73
그렇게 오지 않는다 · 74
엄마의 젖 냄새는 나지 않았다 · 75
겨자채 꽃밭 · 76
흰 별 · 77
개망초 · 78
하품하는 골목 · 79
엄마의 법당 · 80
장모네 식당 · 81
세발자전거 상(喪) · 82
소아병동에서 · 83
시 짓는 남자 · 84
등을 밟다 · 85
노란 봄 · 86
찔레순 · 87
꽃밭과 새 · 88

해설 | 안현심 · 89

제1부

장독대

보름달 같은 항아리에
엄마의 손맛이 익어가고

별 닮은 골담초에서
윙윙윙, 벌들의 잔치 한창이다

싸리나무 채반에는
고사리 반, 봄볕 반

정화수 올려놓고
간절하게 모은 두 손

앵두알
빨갛게 익어간다

해 질 녘

뉘엿뉘엿
질마재에 노을 잠기면

흙먼지 뒤집어쓰고 뛰놀던 아이들
하나둘 집으로 가고

보리밭 이랑이랑
엄마의 호미질 덩달아 바빠진다

그을린 주름살에
하얀 땀방울

할미꽃 송이송이
별을 품는다

막걸리

따개비처럼 연탄 화덕에 달라붙어
피로를 녹인다

울퉁불퉁 노랑 주전자
하얀 속살이 일렁이고

등 굽은 멸치는
색 바랜 접시에서 마늘종 베고 누워 있다

한 잔은
가슴에 꽃씨 뿌리고

또 한 잔은
볼마다 홍도화 그려낸다

넌,
봄이다

아버지와 동태

장터에서 돌아오시는
아버지 지게에 꼬리를 흔들며 따라오는
동태 두어 마리

무 구덩이에서
튼실한 놈 몇 개 꺼내
끓여낸 동탯국

두리기상에 둘러앉아
대가리가 맛있다고 하던 아버지,

이제야 알겠네
큰 사랑

도라지꽃

산허리 붙든
꽃봉오리

바람 불면 고개 돌려
동네 어귀에서 뛰어노는 아이를 본다

밭에서 돌아오는 어머니 소쿠리에
하지감자 한가득

아궁이에 불 지펴 놓고
감자 먹고 놀아라 부르던 소리

둘레둘레 앉은 모습 바라보며
웃음 짓던 도라지꽃

씨도둑

쪽지 시험을 망쳐
토요일인데도 나머지 공부를 했다

점심을 거른 배는 꼬르륵거리고
땡볕을 이고 구불구불한 산길 따라 집에 가는데
고추밭 가상에 씨받이 오이

촘촘히 박힌 누런 땀방울
더 이상 들어앉을 틈이 없다

눈에선 신맛이 터지는데
모락모락 밥 냄새 유혹

한 입 베어 물자
우수수 쏟아지는 낮별

미술 시간

화분 받침대로 쓰이는 접시
아들이 유치원 다닐 때 그린 그림

붉은 햇살
연두색 새싹 두 잎
짝짝이 노란 신발에
두 팔 벌리고 서 있는 녀석

물감을 온몸에 묻히며
얼마나 호들갑을 떨었을까?

화덕 속 피자처럼,
노릇노릇 익어가는 뒷동산

상수리

후드득후드득
새벽을 깨우는 소리

상수리 내놓으라고
이른 아침부터 쿵쿵, 메질을 한다

밑동을 칠 때마다
품에 안은 자식 하나씩 떨구지만

마지막까지
내놓으라고 치고 또 치고

후드득후드득
눈물방울 떨어지는 소리

긴물 찻집에서

나지막한 토방,
차 향기 가득하다

산새들이나 찾아올 만한 산골에서
이십여 년째 차를 우려낸 부부

백 가지 새순으로 만든 긴물차, 봄 향기 가득한 쑥차, 기운을 북돋우는 뽕잎차, 비타민 고플 땐 고욤잎차, 몸과 마음을 정화하는 연잎차

봄을 따고 여름을 덖어 가을을 마신다

대전에서 왔다 하니
홍시를 덤으로 내놓는다

양철 지붕에 가을비 툭툭,
몸을 비튼다

다리미

두 아이 학교 다닐 때
사랑을 독차지했던

입김 호호 불어 구김살을 펴주었는데
읽지 않는 책처럼 장식품이 되어간다

하얀 깃을 세우고
올곧게 주름선 잡으며
바르게 커 주길 뜨겁게 소망했지

꽃밭을 만든다고 뛰어다니는 큰아이
새로운 날갯짓하는 작은아이

투덜대던 아이들 책상에서
시를 다듬는다

노부부

찬바람 가르며 자전거 타는 노부부
성글어진 머리카락은
삶의 이력

남편 허리를 꼭 안은 아내의 팔
사랑을 지켜온 울타리, 따스함을 더해주는 화롯불 같다

삶터와 쉼터를 오가며 키워온
거북이걸음 닮은 행복

맑은 날만은 아니었겠지
눈물까지 사랑했을 날들

남편 어깨를 툭 친 햇살
아내 얼굴에 앉는다

소똥이 밥이다

외양간 앞 두엄더미는
쌓아 올린 숙제장

친구들이 뛰어놀 때 아버지 지게를 지고 소꼴을 베어 날랐다

소죽을 구시에 부어 주면
긴 혀를 날름거리며 맛있게 먹었지

하루에도 몇 번씩 싸는
외양간에 쌓이는 소똥은 아버지의 재산

보리밭에 두엄 뿌리고
새싹 돋는 모습을 보며 하시던 말씀,

소똥이 밥이다

정지된 시간

신호등이 고장 난 네거리처럼 일상이 뒤죽박죽
발길 끊긴 거리, 텅 빈 식당
아이들 없는 운동장

봄을 얼어붙게 한 코로나바이러스,
만남은 어색하고 냉기만이 들끓는다

허한 가슴 부여잡고
마스크 쓴 채 기다리다가
지친 얼굴, 얼굴

소소한 웃음이 그리운 나날

혼자서 피었다 지는
봄

공(空)

　네모 안의 작은 네모에 어둠을 채운다

　까만 침묵이 온몸을 휘감아 작아진 영혼은 더 오그라들고 두려움의 촉수는 퇴색한 마음을 더듬는다

　거미줄에 걸린 나방처럼
　요동치는 맥박, 굳어지는 몸뚱어리
　헤집고 나오려 할수록 빠져드는 미궁

　알 수 없는 공포에 불을 밝히자
　어둠 속 벌레는 유유자적한데
　안절부절못하는 나

　솔향기 품은 달빛
　풍경(風磬)이 잠든 산중을
　홀로 걷는다

부재중 전화

전화 열두 통이 왔어도
진동모드의 핸드폰은 모른 체했다
침침한 눈 비비며 통화 버튼을 눌렀지만
연결이 되지 않는다는 무심한 멘트

간절한 진동은
혼자 울다가 잠들어 버리고

무슨 일이 일어났을까
맥박이 요동쳤을 장모님

새벽녘에야 열린 버튼
대전, 코로나가 걱정이다

체중 내려가는 소리,
들린다

사라진 외갓집

허리를 폈다 접었다
숨바꼭질하듯 김을 매다가
달이 떠오를 즈음
엄마는 보리쌀 두어 되 이고 외갓집에 갔다

봄빛 오른 둥구나무 이파리에
달빛이 자잘하게 일렁이고
엄마 손 꽉 잡고 걷는 시오리 길에
소쩍새는 울면서 따라왔다

귀신이 산다는 상엿집을 지나면
짧은 머리카락은 쭈뼛쭈뼛
심장이 쿵쿵대며 빨라지던 걸음

무서움 움켜쥐고 외갓집에 들어서면
높다란 대청마루에서
어린 조카 왔냐며 큰 웃음으로 반겨주던 외삼촌

대청마루는 댐에 잠기고
고향을 떠난 웃음은 강가를 서성인다

연꽃 아기

백일 된 아기,

이부자리만 한 연잎에 올려놓고
사진을 찍으며 싱글벙글하는 엄마

따가운 햇살에
웃는 듯 우는 듯
입술은 삐쭉, 발가락은 꿈틀

활짝 핀 연꽃 속에
아가 얼굴 피었네

제2부

참새와 빗방울

빗방울 고인 웅덩이는
참새들의 놀이터

까치발로 콩콩 걷다가
젖은 발 말리려고 나뭇가지로 날아들었다가

웅덩이에 다시 모여
마주 보며 폴짝폴짝

엉덩이는 흙탕물 범벅
얼굴엔 웃음 범벅

그날

햇볕이 잘 드는 곳에 두고 사랑을 주어도 말라가더니
바닥에 쌓이는 마른 이파리

될 대로 되라지
방치한 화분에서 돋아나는
여린 손가락

질긴 시간 참아낸 고통을
헤아리지 못했다

훅,

던져버린 한마디가
몹시 아프다

꽃섬

펑 뚫린 구멍
흘려보내기만 하더니
틈새에 씨앗 하나 품었다

빗물이 고운 흙으로 뿌리를 덮어 주고
바람은 더 많은 친구를 불러왔다

닭개비꽃 토끼풀 제비꽃
꽃섬이 되어 웃음소리 높다

하수도 뚜껑에서
꽃향기 난다

깨알

먹구름이 들녘을 움켜쥐고 있더니
하늘에 파란 구멍이 숭숭

참깨 다발을 모으는 얼굴에
따가운 햇살이 까만 칠을 더한다

툭, 툭툭
짤막해진 막대로 깻단을 두드리자
여름 조각이 우수수

살며시 피어나는
어머니의 하얀 미소

새끼들 밥상에 달려가 있네,
벌써

약봉지

비탈진 보리밭, 갈치꼬랭이 논배미

장화를 몇 번이나 때워 신고 온종일 거름을 날라도 가난은 지게에서 내려오지 않았다

궂은일 마다하지 않았는데
사발에 꽁보리밥 소복하고
푸성귀만 오르락내리락

칠 남매 눈동자를 매만지며
쓰린 배를 달랬던

약봉지,
날마다 입이 커졌다

벚꽃 웃음

해가 보이지 않는다
풍선이 되어 날아가는 노을뿐

쪽창을 비집고 들어온 바람에 하얀 커튼이 들썩여도
쌓인 시간이 침묵을 강요당하는 엄마의 시간

흐르지 않는 기억이
품에서 허우적거리고

벚꽃 같은 웃음도
굳어 버린 혈관을 적시지 못했다

자전거

하루에 두어 번 다니는 완행버스는
함박눈이 무릎까지 쌓여 다니지 못했다

중학교 입학 선물로
아버지는 읍내까지 걸어가서
내 키보다 더 큰 자전거를 사 오셨다

탈 줄도 모르면서
삐뚤삐뚤 숫눈길 그리며

벌겋게 언 손, 꽁꽁 얼어붙은 바짓가랑이

눈 덮인 보리밭에서
파란 희망 소곤거린다

낯선 괴물

달빛 드는 구멍가게
구공탄 난로에 둘러앉아
돈을 주어도 연탄을 살 수 없다며 웅성거린다

밀고 당기며 오르던 골목에
연탄 리어카는 보이지 않고
낱개로 꿰어 들고 다닌다

열일곱 살 자취방에는 찬바람만 쌓였다

까만 입을 벌린 채
냉기만 뿜어내는 연탄 아궁이

굴뚝에 모여들던 참새는
더 이상 오지 않았고

석유파동이란 괴물이
달동네를 차갑게 익혔다

까치의 꿈

플라타너스 꼭대기에
둥지를 짓느라 바쁜 까치 부부

드르륵드르륵, 우지직
공룡 발톱 같은 톱날이 가로수를 통째로 잘라 먹자
허공에 흩어지는 보금자리,
소박한 꿈이 모래알로 부서진다

누구에게도
위로받지 못하는 까치의 꿈,

병아리가 돼지 되고 송아지 된다는
건강한 꿈이 사라진 세상

터벅터벅
발걸음이 무겁다

봄 마중

엄마 손등 같은 언덕에

연한 바람이 뒹굴고

노랑 하양 빨강 꽃들이 징검다리를 놓으면

개울물 소리 들으며

너에게 간다

비와 꽃

후드득 봄비에
승강장은 울긋불긋 꽃밭이 된다

비좁은 공간에서 노선버스를 찾느라
등 굽은 꽃들이 흔들리고

쪼그라진 미소는
빗방울에 젖어 수줍다

고구마 줄기보다
파랬던 발걸음은
자식들의 밥이 되고 옷이 되었다

빗방울이 피워낸
승강장의 꽃

꽃,

늦은 시월

빨랫줄에 가을이 길게 널리고
꽃물이 희미해지는 시간,

빈 하늘을 흔들며
미루나무는 짧은 해를 재촉한다

처마 밑까지 어둠이 들어차야
밭에서 돌아오신 아버지
바지게에서 산복숭아를 꺼낸다

쌀밥만큼이나 귀했던 과일
밭모퉁이에 조그맣게 익어가는 것을 보며
당신의 무게를 견디어 냈으리

늦서리 맞으며 피어나는
들국화 같은

엄마의 시간

성에를 닦아내자
유리창에 숲이 걸리고

안개가 걷힌 산자락,
배추가 노랗게 알을 품는다

아기 엉덩이의 똥을 닦아내듯
배추 허리를 어루만지는 손길에
한 계절이 밀려나고

투박한 찻잔에
꼭꼭 싸매둔 엄마의 시간이
잎잎이 물든다

물렁해지기

몸부림치다 피워낸 헛꽃
날카로운 말은 또 다른 가시를 만들고

가둘 수 없는 욕망에
화살이 되어 날아다니는 눈빛

벗어나지 못하는 꿈에
얼어붙은 꽃잎

잡힐 듯 흩어지는 허무를 털어내자
가시나무에 동그란 꽃이 핀다

바람을 흔드는 꽃
산다는 것은 물렁해지는 거

길을 낸다

돌멩이 틈을 비집고 나온 꽃잎,
애벌레가 야금야금 둥근 상처를 그려 나간다

씰룩거리며 오르내린 자리
줄기만 앙상하다

꽃잎을 내준 꽃대는
바람을 탓하지 않으며
피워낼 만큼 다시 밀어 올린다

호랑나비 날아와
씨방에 꽃씨 하나 떨군다

또 하나의 꽃밭이
길을 낸다

멈춘 시계

주인이 떠난 집 괘종시계는
먼지가 소복한 채 여섯 시 삼십 분을 잡고 있는데
해그림자는 산등성이를 넘는다

외양간 구시에서 늙은 황소
쉰 소리 새어 나오고

거미줄로 묶인 찬장에
잘 다녀올게 아프지 말아야 혀, 하던
주름진 얼굴이 어른거린다

기웃거리던 노을이
사립문을 닫는데

마당에 제멋대로 자란 개망초
하얀 등을 켠다

오래된 일기장

파릇한 다짐은
숲을 이루고 푸른 산맥을 꿈꾸었다

모든 것이 땅으로 통한다는
아버지의 완고한 생각은
땅을 떠나려던 장남의 어깨를 잡아 눌렀다

밭뙈기가 넓어지고
논두렁이 길어졌지만

그 꿈에 눌려 신음했을
또 하나의 꿈

누런 일기장에 아프게 누워 있다

제3부

봄

기와지붕 아래서 아침을 여는 참새 가족
우르르 쏟아져 내려와
삼월을 쪼아댈 때

마른 풀섶에서

꼼지락

ㅂㅗㅁ

할매의 시간

국숫발처럼 뻗는 통증은
사계절 시들지 않는 화석이 되었다

비가 오는 날이면 밭일 대신
흰 머리카락 곱게 빗어 넘기고
한의원을 찾는다

낯설지 않은 얼굴들
손주 자랑 장탁자에 풀어놓고
통증을 잊으며
봄비 젖은 들꽃처럼 피어나는 시간

깻잎처럼 얇아진 등피에
보름달 같은 부항 자국

동그랗게 흘러가는
할매의 시간

꽃을 기다리며

책장이 널브러지고
형광펜 뚜껑은 벗겨진 채 나뒹군다

구겨진 책갈피에 끼여 날지 못하는 새
마른 모이를 쪼다가 잠이 들었다

숨 쉴 공간은 사방이 막히고
춤추는 광대처럼 위태로운 날
힘들지 마라는 말마저 목구멍으로 밀어 넣는다

성근 울타리는 바람을 막아 주지 못했다

숨죽은 풀대가 서성이던 자리,
꽃망울 붉다

호미 소리

풀빛이 밭둑에 스며드는데
할머니 발소리 들리지 않네요

제비꽃은 민들레에게 묻고
개나리는 감나무한테 묻는데
할머니와 티격태격하던 마늘밭도 조용해요

상추 풋고추를 건네며
허리가 꼿꼿하면 좋겠네, 하던 할머니
나비가 되었을까요

푸른 물이 산기슭으로 번지고
빚어 놓은 이랑이 무너져내려도
호미 소리 들리지 않아요

조팝나무꽃 같은 조각구름만
홀로 희네요

민들레

기 펴고 살려고 넓은 벌판을 찾았는데
바람에 날리고 빗물에 쓸려 외진 곳으로 밀려났다

햇볕 잘 드는 곳은
키 크고 예쁜 꽃들의 차지

거미줄 같은 힘으로 돌멩이를 밀어내고
별빛 모아 꽃을 피워 올렸다

덤불 아래 작은 꽃무리

여린 꽃잎이 여는
동그란 세상

꽃과 여자

퍼즐 조각을 맞추듯
깨진 항아리 뚜껑에 꽃을 심는다

소꿉놀이 같은 사랑
꽃의 날개에 바람이 머문다

책가방 던져 놓고
채송화 봉선화 심던 유년이 핀다

꽃이 따라 웃는다

여행을 떠났다

제 엉덩이보다 큰 유치원 가방을 메고 인사한다
빗자루 들어 올리며 환한 얼굴로 맞장구치는 경비 아저씨
아파트 숲에 작은 웃음 물결이 인다

통통거리는 발걸음 사라지고
고요해진 놀이터

꽃잎은 입을 닫고
웃음은 여행을 떠나버렸다

뿌리내리기

자동차 범퍼 위에
요란스럽게 떨어지는 빗방울
어디로 튕겨 나갈지 모른 채
파도를 가르는 서퍼처럼 위태롭다

떨어지지 않으려는 몸짓은 사랑이 그립다는 거

응석 부려야 할 철부지
녹아내리지 못하는 프리마처럼
엄마 품에 안기지 못하고
울먹이는 눈동자

만져 보고픈 사랑
손 너머에서 빙빙 돌 뿐

보도블록 틈새 피어난
채송화 외롭다

무슨 색일까

포장마차 지붕에 구멍이 뚫려
푸른 하늘이 들여다보는데
삐걱거리는 의자에 엉덩이를 붙이고
막대 커피를 톡톡 털어 달달함에 젖는다

할머니 할아버지랑 시 공부하는 날
오늘은 무슨 이야기를 할까

글 쓰는 것이 처음이라는 할머니

묻어 두었던 눈물
뾰족한 연필심을 적신다

나리꽃

산기슭에서
옮겨 심은 참나리,

담장 밑 마른 땅을 부여잡은 채
굽은 허리가 휘청인다

까만 점은 파란 시간의 퇴적,
허리의 씨앗 주머니는 눈물로 빚은 보석

당신을 사른 지 반백 년
못다 준 사랑 아직도 남은 건가

우산대 지팡이 삼아
아침이슬 헤치며 텃밭을 뒤지는
허리 휜 나리꽃

봄씨

가느다란 풀잎에
빗방울 도르르 구르고

자잘한 빗소리에
시소를 타듯 올라갔다 내려갔다
고요를 넓힌다

불어 터진 국수처럼
이야기는 빗속으로 흩어지는데

간지럼 타던 꽃잎이
봄씨를

툭,

파란 연못

잠자리채 흔들며 온 동네 뛰어다녀도
잡혔다 흩어지는 것은
흰 구름뿐

지친 아이는
고무신을 이어 기차놀이하다가
또다시 한 바퀴

하얀 꽃이 튀밥처럼 튀어 오르는 메밀밭에서

놀란 고추잠자리
더 높이 날아오르고

저
파랑, 파랑, 파랑……

낯선 지붕

새마을 깃발이 펄럭이는 날
세 아름의 둥구나무는
명태포에 막걸리 한 잔 얻어 마시고
밑동이 통째로 잘려 나갔지

놀이터에 실뱀 같은 논이 만들어지고
꽹과리 소리 막걸리 잔에
아이들도 덩달아 신이 났지

쌀 한 톨의 무게가
천 냥의 동심보다 값지다던 농부는
백발이 되어 논을 떠났고

잡초가 무성해진 논배미엔 빨간 지붕
낯선 걸음이 노을을 밟는다

뱀사골 할매집

겨울이 코앞인데
바람막이 비닐은 찢어지고

나지막한 처마 밑에서
약초 부침개에 막걸리 한잔하고 가세요
할매 목소리가 애처롭다

썰렁한 식당
검게 그을린 양푼에서
히죽히죽 말라가는 밀가루 반죽

감 따러 온다는 아들은 보이지 않고
산국화만 노랗게 익어갈 뿐

어린 새

희망 한 줄 걸어 놓고
처음 하는 자취 생활

물을 반쯤 부은 냄비에
국수 한 줌 넣고 불을 지핀다

오랫동안 불을 지피지 않은 아궁이는
연기를 삼키지 못하고 콜록콜록

찬물에 웅크려 있던 국수는 죽이 되고
허기를 달랜 아랫배가 요동을 쳐
밤새 화장실을 들락거린다

엄마 아궁이가 그리운

날갯짓이 서툰
어린 새

매화, 피다

입춘이
저 멀리 갔는데
서리꽃은 무성히 피고 지고

담장을 오르내리며
고양이는 아침 햇살을 핥는데

닭장을 뛰쳐나온 수탉,
훼를 치며 겨울을 벗는다

살짝 봄비,

묵은 등걸에
하얀 꽃등을 건다

일상이 그립다

뭍에 오른 물고기처럼
부서진 일상이 나뒹굴고
거꾸로 자란 희망은 미루나무보다 높다

첫새벽을 강요당한 사내는
찬 공기 걷어차며 일터로 향하고
끊어진 줄을 잇는 거미처럼
해장술로 엉킨 하루를 푼다

봄꽃도 짐이 되는
위태로운 날들

황사 낀 날들은
더 이상 없다는 뉴스는 없을까?

내일모레면 서른 되는 아들놈
색시나 데려오면 좋겠다

제4부

외할머니

자작나무숲은
참빗으로 빗어 내린 머릿결

가만가만 하얗게 나부끼며
흔들리는 결속의 얼굴

흰 머리카락을 빗질하던 할머니 곁에 다가가면
까까머리인 나도 빗어 주었지

빗살이 닿을 때마다 간지러워 품에 안기면
합죽한 얼굴은 나팔꽃이 되었지

엄마의 유년을 빗질했을
참나무 밑동 같은 사랑

함박눈 소복이 내리던 날
별이 되었지

그렇게 오지 않는다

소나기 간 길에 무지개 피어나듯
봄은 후다닥 오지 않는다

살얼음 녹여 들판이 목 축일 때

양지 녘을 뒹굴던 바람은
시린 사연 풀어 제비꽃 피워 올리고

눈물샘 말라버린 눈동자,

느릿느릿 오는 길목에
꽃무덤 하나

봄은
아프게 온다

엄마의 젖 냄새는 나지 않았다

여섯 살이 되도록 엄마 소리를 못하고
어른이 되어도 부를 수 없는

설렘으로 맺은 인연 짧게 끝나고
제 나라로 훌쩍 떠나버린 엄마

아빠는 아이의 그리움만
지켜볼 뿐

엄마를 빼앗긴 아이는 말을 잃었고
짹짹 소리가 엄마, 엄마로 들리는지
창밖을 보다가 잠이 들었다

오물거리는 입술에서
엄마의 젖 냄새는 나지 않았다

겨자채 꽃밭

후드득후드득,
술 한 잔 부르는 빗소리에
못 이기는 척
호박잎 같은 불판에 둘러앉는다

비계가 더 많은 삼겹살을 뒤집으며
육즙 많은 쇠고기 같은 날이 언제였더라,
손가락 헤아리는데
애절한 마디들이 불판의 기름처럼 튀어 오른다

상추에다 겨자채 쑥갓을 장미꽃 모양으로 싸
삼겹살 한 점 올려놓으면

손안이 꽃밭인 것을

흰 별

멍석에 둘러앉은 가족
옥수수 알갱이처럼 빼곡했지

한 솥을 쪄내도 칠 남매 손이 오가면
소쿠리엔 금세 깡태기만 수북,

더 먹으려고 떼쓰는 나를 업고
작은누나는 동네를 한 바퀴 돌았지

댕기머리 잡아당기면
그을린 얼굴 돌려 웃어주던

그 하얀 웃음에서 피어나던
박꽃,

흰 별 된 지
여러 해

개망초

묵정밭 도화지에
꽃망울을 올려놓습니다

큰 꽃은 작은 꽃에게 햇빛을 덜어주고
서로 위로하며 안아줍니다

사랑받지 못해도 기죽지 않고
비바람 불어도 쓰러지지 않는 고요,
바람이 밀고 가는 꽃 너울이
안개보다 부드럽습니다

옹알이하는 아가처럼
그늘 없는 꽃밭,

참새가 퐁당
점을 찍습니다

하품하는 골목

골목에 기침이 널려 있고
강아지 부르는 소리는 식은 죽만큼 크다
호박은 담장에 기대어 길쭉한 얼굴로 하품하는데

막걸리 잔 기울이던 할매를 기억하는지
봉선화는 꽃잎을 피웠다 지우고
빨랫줄이 늘어지도록 모여 살던 식구는
흩어진 지 오래,

보름달 뜨는 날이면 외로움이 밝다

야위어가는 골목에
부동산 간판이 늘어나고
재개발 구둣발은 날로 쿵쿵거린다

빈 막걸리 통에 할매의 한숨 소리 잠자는데
바지랑대 고추잠자리는
잠옷에 묻은 간밤이 궁금하다

엄마의 법당

이랴이랴 쟁기질에
아버지 주름 같은 고랑이 만들어지면
사경(寫經)하듯 엄마는 콩을 심는다

고랑마다 부처가
하나둘

죽비보다 따가운 땡볕이 어깨를 후려쳐도
멈추지 않는 기도

땀방울은 콩잎을 적시고
콩잎은 엄마의 치마가 된다

호미 내려놓고 합장하자
녹아내리는 봉긋한 피로

불심으로 일군 콩밭은
엄마의 법당

장모네 식당

간판 그림 속
김치찌개가 뽀글뽀글 끓는다

번호표를 만지작거리다가 화덕이 있는 자리를 차지한다
끓어오르기 시작하는 옆 테이블,
눈코입이 춤을 춘다

덜컹대는 완행열차처럼 냄비뚜껑은 들썩거리는데
돼지비계가 술래잡기하듯 빙빙 돌고
대파는 파릇파릇 잠이 들었다

고춧가루 한 수저에
얼큰하게 달라붙는 국물

장모님이 끓여주던 김치찌개가
왜, 여기에 와 있을까

세발자전거 상(喪)

먼저 타려고 밀치고 매달리는 아이를 말리던 엄마의 목소리
메아리처럼 아득하다

화분 받침대가 되어 버린 세발자전거
반짝이던 은빛 바퀴에 검버섯이 늘어나고
푸석해진 분홍빛 안장에
새들이 놀다 간다

세 바퀴 따라 돌던 웃음
더 이상
빛나지 않는다

소아병동에서

지친 울음을 문 채
톰방톰방 떨어지는 링거액을 올려다본다

사위어가는 별처럼
어느 행성을 따라갈까 두렵다

알콜 냄새 가득한 병상
애끓는 간호에도 정성이 전해지지 않는다

모래바람을 헤치고 횡단하는 낙타처럼
검사실을 찾아다니는
엄마의 발걸음

애타는 마음을 알아챘는지
조몰락거리는 조막손

시 짓는 남자

또 진밥이야?
고들고들한 밥을 먹고 싶다는 투정에
하루가 질퍽하게 시작된다

어머니가 꿈에서 차려준 밥상처럼
흰쌀에 보리쌀 두어 주먹과 완두콩 한 줌
잘름잘름하게 물을 잡아 따라 했지만
구수한 밥 냄새는커녕
까칠한 잔소리만 무성하다

하얀 꿈을 삼켜버린
어둑한 밤,

설익은 연기를 콜록콜록 삼키며
시를 밀어 넣는다

어깨 너머에서 넘실거리다가
떨어지고 마는 미숙한 시어들

등을 밟다

바위틈을 비집은 뿌리처럼
온몸으로 뻗은 통증

파스를 붙이고 안마기로 두드려도
사라지지 않는다

얼부푼 보리밭을 밟듯
고통이 눌어붙은 아내의 등을 밟으면
오래된 옹이가 발가락에 걸린다

밭이랑이 어둠에 묻혀서야 돌아온 아버지

밥숟갈 같은 등을 밟으면
풀 냄새가 났던 것처럼

노란 봄

이슬 비린내가 날 것 같은
봄꽃을 따라 산책한다

참나무에는 색 바랜 이파리가 참새처럼 조잘대고
아낙들의 수다는 동글동글

사색하는 노인의 발걸음을
방해할 수 없어
속도를 늦추어 뒤따른다

나이테를 벗겨내려는 듯
오래된 팝송 들으며 털스웨터 같은 걸음,
걸어온 날들이 봄햇살 같기만 했을까!

저, 노란 봄
풀어헤치는 발목

찔레순

덤불에 촉이 트면
촛불을 켜고 허리를 세웠지

책보 팽개치고
찔레순 꺾으러 헤맨 들녘,
한 주먹 꺾는 날이면 백 점 맞는 것보다 신이 났지
숙제 미루고 골목을 떠메고 다니다가
쇠죽 끓이라는 소리에
뿔뿔이 흩어지며 아쉬워한 친구들,

머리칼이 찔레꽃처럼 하얄까?

묵은 사진첩에서
찔레꽃 향기 물씬거린다

꽃밭과 새

찬바람에 떨던 대궁이
힘겹게 꽃송이를 밀어 올리면
어느새 담장 밑은 꽃밭이 되고

꽃잎 손바닥에
이슬방울 받아 놓으면
나비들의 유치원

날갯짓에 지는 꽃잎
놀라는 고요

꽃그늘에서 놀던
작은 새

물수제비뜨며
꽃물을 물어간다

해설

크레파스로 쓴 기억의 정서
― 문정석 시집 『참새와 빗방울』

안현심(시인·문학평론가)

1.

시는 과거의 정서적 기억을 시론에 의탁해 재생해 낸 산물이다. 그럼, 시는 왜 과거를 재현하는 방식으로 형상화될 수밖에 없는가. 그것은 미래의 사건이나 현상에는 정서가 개입되지 않은 반면, 기억은 화자의 내면에 구체화 되어 있기 때문에 과거 지향적일 수밖에 없다.

시가 과거 지향적이라고 해서 과거의 기억을 무미건조하게 나열해 놓기만 하면 안 된다. 문학이 지향하는 요소 중 중요한 것이 '미학성'인 바, 기억의 정서 또한 미학성을 내재하지 않으면 안 되는 것이다. 그것은 과거의 사건이나 현상을 겉핥기식으로 묘사하는 데 그치지 말고, 나아가 현재나 미래의 정서 발전에도 영향을 주어야 한다는 뜻이다. 이러한 문제 제기는 문학성을 평가하는 데 중요한 잣대가 될 것이다. 과거를 말하고 있지만, 현재를 발전적으로 이끌어 주는 시, 또 미래의 향방을 보여 주는 시의 구축이야말로 문학의 중요한 역할이 아닐 수 없다.

문정석 시인의 작품에서는 과거의 정서가 어떻게 구현되고, 현재의 삶에 어떠한 영향을 주고 있는지 궁금하지 않을 수 없다. 크레파스로 그림을 그리듯 심혈을 기울여 써나간 작품을 한 편 한 편 들여다보기로 하겠다.

2.

인간이 사는 동안 삶의 방식을 결정짓는 건 그가 어떤 환경에서 자랐느냐 하는 것인데, 시인의 경우 도시 출신보다는 산골이나 어촌 출신이 풍요로운 정서를 선점했다고 할 수 있다. 정체성이 형성되는 중요한 시기를 자연과 함께했다는 것은 정신세계의 밑바탕에 우주 자연의 신비를 내면화했다는 말이 되기 때문이다.

인간의 삶도 자연의 일부에 지나지 않는다. 나무가 나고 자라서 죽듯 인간도 탄생과 소멸을 거듭하며 우주 공간을 차지하고 있는 것이다. 수많은 풀과 나무, 나비, 개구리, 또 겨드랑이를 간지럽히는 바람 등과 희로애락을 같이 한 체험은 책이나 영화 등을 통해 간접 경험한 내용에 비할 바가 아니다.

쪽지 시험을 망쳐

토요일인데도 나머지 공부를 했다

점심을 거른 배는 꼬르륵거리고
땡볕을 이고 구불구불한 산길 따라 집에 가는데
고추밭 가상에 씨받이 오이

촘촘히 박힌 누런 땀방울
더 이상 들어앉을 틈이 없다

눈에선 신맛이 터지는데
모락모락 밥 냄새 유혹

한 입 베어 물자
우수수 쏟아지는 낮별

—「씨도둑」 전문

  시제만 본 독자들은 '씨도둑'이란 말에서 인간 삶의 한 현상을 떠올리게 될 것이다. 즉, 한 집안의 아이는 그 집안의 관습이나 성격 등을 벗어나지 못하고 그의 부모나 형제들과 비슷한 형질을 보유한다는 뜻이다. 아버지와 똑같이 행동하는 아이를 보고 "씨도둑은 못한다"고 하는 말을 누구나 한 번쯤은 들어봤을 것이다.

문정석 시인의 작품 「씨도둑」을 읽다 보면, '씨도둑'이 속담과 같은 의미가 아니라는 것을 알게 되는데, 이처럼 고정 개념을 파괴하는 것 또한 시에 신선함을 불어넣어 주는 기법이 된다. 문 시인은 오이 종자를 확보하기 위해 일부러 노각을 따먹음으로써 씨를 도둑질했다고 생각한 것이다.

시는 잘난 척하는 사람보다는 어리숙한 모습, 돈이 많다고 자랑하는 것보다는 가난을 이겨나가는 삶, 얼굴이 잘생긴 사람보다는 못생긴 화자가 등장할 때 공감의 폭이 커진다. 따라서 제1연의 "쪽지 시험을 망쳐/토요일인데도 나머지 공부를 했다"라는 형상화는 결코 자랑할 일이 아니지만, 독자의 친근감을 불러일으키며 숨통을 트이게 해준다. 문학의 개연성 측면에서 살펴보면 똑같은 경험을 했거나, 경험할 뻔했던 사람은 공감의 정도도 그만큼 크기 때문이다.

필자는 문정석 시인과 면 단위 중학교 선후배 인연을 지니고 있다. 따라서 땡볕 아래 긴긴 신작로를 걸어 문 시인이 허기지게 넘었을 산고개가 그림처럼 눈에 선하다. 고추밭 가에 매달린 늙은 오이가 멍징하게 보이고, 그 시어 터진 노각을 베어 먹으면서 농부의 종자 농사를 도둑질했다고 생각하는 소년의 모습이 어제 일인 듯 선명하기만 하다.

이 작품은 소년 시절의 정서적 기억을 이미지화하는 데 성공했다고 할 수 있다. 전체적으로 부연 설명이 없는 데다 내용적 측면에서도 인간의 본성을 숨김없이 드러냄으로써 연민을 불러일으키기 때문이다.

> 외양간 앞 두엄더미는
> 쌓아 올린 숙제장
>
> 친구들이 뛰어놀 때 아버지 지게를 지고 소꼴을 베어 날랐다
>
> 소죽을 구시에 부어 주면
> 긴 혀를 날름거리며 맛있게 먹었지
>
> 하루에도 몇 번씩 싸는
> 외양간에 쌓이는 소똥은 아버지의 재산
>
> 보리밭에 두엄 뿌리고
> 새싹 돋는 모습을 보며 하시던 말씀,
>
> 소똥이 밥이다
>
> ―「소똥이 밥이다」 전문

"소똥이 밥이다"라는 문장이 성립하려면, ①소똥은 거름이 된다 ②거름은 곡식을 잘 자라게 한다 ③곡식은 밥의 재료이다. 이렇게 3단계의 과정을 거쳐야 문맥이 완성되지만, 시작품에서는 단번에 뛰어넘는 특권을 누릴 수 있다. 이런 기법을 시론에서는 '은유'라고 하는데, 은유는 시 창작 기법 중에서도 중요하게 다루어진다. 작품에서 "소똥이 밥이다"가 더욱 신선하게 느껴지는 것은 시가 뭔지도 모르는 농사꾼 아버지의 입에서 나온 말이기 때문이다.

시인은 아버지의 말씀을 흘려보내지 않고 기억의 창고에 저장해 두었다가 정서 활동이 활발한 어느 날 재생하기에 이른다. 당시는 무슨 뜻인지 몰랐겠지만 아버지만 한 나이가 되어 아버지의 말씀을 알아듣게 된 것이다. 아니, 알아듣는 데 그치지 않고, 말씀 너머에 내재된 가족에 대한 사랑을 읽어내고는 그 사람의 일생을 연민하게도 된다. 어렸을 때는 동무들과 놀고 싶은데 소꼴을 베어 오라는 아버지가 원망스러웠을 테지만, 그마저도 애틋한 추억이 된 것이다.

또 다른 작품 「찔레순」을 보면, 마른 덤불에서 찔레순이 "촛불을 켜고 허리를" 세우면 "책보 팽개치고/찔레순 꺾으러 헤맨 들녘,/한 주먹 꺾는 날이면 백 점 맞는 것보다 신이" 났다. 숙제도 "미루고 골목을 떠메고 다니다가/쇠죽 끓이라는 소리에/뿔뿔이 흩어"진 친구들이 그립기만 하다. 지금은 "머리칼이 찔레꽃처럼 하얄까?" 생각하며 묵은 사진첩을 뒤질 때, "찔레꽃 향기"가 물씬 풍겨 나온다는 형상화이다.

이 작품에도 형상화되었듯, 소꼴을 베거나 쇠죽을 끓이는 일은 아이들 몫이었다. 50~60년대 시골에서 태어난 베이비부머들은 부모들이 논밭 일을 할 때, 단순노동으로 부모의 일손을 도왔다. 학교 다녀오면 소꼴을 베고, 자투리 시간은 아이들과 놀다가, 졸음을 이기지 못해 숙제를 못 해오는 아이들이 다반사였다.

봄이 오면 잿빛 풀숲을 비집고 뾰족이 고개 내미는 찔레순, 오동통한 몸뚱이 몇 개를 발견하면 세상을 얻은 듯 신이 났다. 껍질을 벗겨 입에 물었을 때 상큼하게 터지는 맛을 도시 아이들은 알까. 그 찔레 덩굴 밑에는 꽃뱀이 도사리고 있다는 것 또한 시멘트 숲에 갇혀 사는 아이들은 알까. 문정석 시인은 그 풍요로운 체험을 동심의 크레파스로 재생하고 있는 것이다.

멍석에 둘러앉은 가족
옥수수 알갱이처럼 빼곡했지

한 솥을 쪄내도 칠 남매 손이 오가면

소쿠리엔 금세 깡태기만 수북,

더 먹으려고 떼쓰는 나를 업고
작은누나는 동네를 한 바퀴 돌았지

댕기머리 잡아당기면
그을린 얼굴 돌려 웃어주던

그 하얀 웃음에서 피어나던
박꽃,

흰 별 된 지
여러 해

—「흰 별」 전문

시 「흰 별」 역시 부모와 형제자매가 모여 살던 어린 시절을 형상화하고 있다. "멍석에 둘러앉은 가족" 수는 "옥수수 알갱이처럼" 많아서, 옥수수 "한 솥을 쪄내도 칠 남매 손이 오가면/소쿠리엔 금세 깡태기만 수북"이 남을 뿐이다. 먹을 것이 부족하던 시절, 형제자매는 늘 더 먹겠다고 싸웠다. 화자는 칠 남매 중에서도 여섯째였는데, "더 먹으려고 떼"를 쓰면 작은누나는 어린 동생을 업고

"동네를 한 바퀴 돌"곤 했다.

  부모가 논밭에서 일하는 동안 소꼴을 베거나 쇠죽 끓이는 일이 남자아이들 몫이었다면, 동생을 돌보거나 청소를 하고 끼니 챙기는 일은 여자아이들이 담당해야 했다. 그래서 우리의 누나들은 동생에게 어머니 같은 존재였는지도 모른다. 박용래 시인의 '홍래 누이'가 그렇고, 서정주의 시 「국화 옆에서」에 등장하는 "거울 앞에 선 내 누님"이 그랬을 것이다.

  누나가 동네를 한 바퀴 도는 동안 떼쟁이 화자는 얌전히 업혀 있었을 리 없다. 등에서 누나의 "댕기머리를 잡아당"길 때마다 누나는 화내지 않은 채 얼굴을 돌려서 웃어주곤 했는데, 그때 "그 하얀 웃음에서 피어나던/박꽃"을 화자는 잊을 수가 없다. 더구나 그 누나가 이 세상 사람이 아니라면, 그리움의 농도는 형언할 수 없을 것이다.

  시인은 왜 죽은 누나를 '하얀 박꽃'으로 표현했을까. 흰색은 색이 없는 무색이기도 하지만, 실제로는 모든 색이 혼합된 색으로써 순수함, 깨끗함을 상징한다. 또, 박꽃은 초저녁에 피었다가 새벽녘에 지는 신비로운 꽃이다. 초가지붕에 박 넝쿨을 올리면 그믐밤이든 보름밤이든 하얗게 피어나는 꽃, 밤에만 찾아와 무슨 말을 할 것 같은 꽃이 바로 누나가 아니었을까.

3.

 짧은 시가 좋다고 느낀다면, 이미지가 명징하게 부각된 점에 매료됐기 때문일 것이다. 시 창작에 있어서 '시의 이미지화'는 시의 본질이자 중요한 창작 기법으로써 절대로 간과하지 말아야 한다. 그런데 요즘 시는 그러한 점을 무시하고 지나치게 산문화되었다. 산문 형식을 따랐다 하더라도 시론이 추구하는 요소들을 만족시키고 있다면 괜찮다. 그것은 다만, 긴 시일 것이기 때문이다.

 이러한 사실을 인지하지 못한 채 어려운 말만 늘어놓으면 새로운 형식의 시가 된다고 착각하는 경우는 참으로 위험하다. 요즘, 난해시가 유행하고, 어렵게 쓰면 좋은 시라고 믿는 사람이 많은데, 난해시도 이해하기만 어려울 뿐 시적인 질서는 갖추고 있다. 문학적 상상력을 총동원해도 이해할 수 없는 시는 난해시가 아니라 비시(非詩)인 것이다. 시는 길든 짧든 주제가 명확히 전달되면서 미적 감동을 주어야 한다.

 백일 된 아기,

 이부자리만 한 연잎에 올려놓고
 사진을 찍으며 싱글벙글하는 엄마

따가운 햇살에
웃는 듯 우는 듯
입술은 삐쭉, 발가락은 꿈틀

활짝 핀 연꽃 속에
아가 얼굴 피었네

—「연꽃 아기」 전문

 아기의 성장 과정에서 가장 예쁠 때는 살이 통통하게 오른 백일 무렵. 그때의 아기는 한 송이 꽃이라 해도 틀린 말이 아닐 것이다. 연꽃을 구경하러 온 엄마는 "백일 된 아기"를 연잎에 뉘어 놓고 사진을 찍는다. 하지만, 칠월의 태양은 너무 따갑고 눈이 부셔서 아기는 "웃는 듯 우는 듯/입술"을 삐쭉거리고, 발가락을 꼼지락거린다. 말을 익히기 전의 생명이 온몸으로 말하는 모습일 것이다.
 연꽃밭에서 펼쳐지는 일련의 풍경이 참으로 아름답다. 연꽃만 꽃이 아니라 그 속에 누운 아기도 한 송이 연꽃이다. 그래서 "활짝 핀 연꽃 속에/아가 얼굴 피었네"라고 형상화한 것이다.
 시 「연꽃 아기」를 보면, 한 장의 사진을 보는 듯 이미지가 선명하다. 이처럼 선명한 이미지는 독자의 심상에 그림으로 박혀 오래오래 미적 정서를 불러일으킬 것이다.

이런 시는 군더더기 없는 선명함으로 저절로 외워지기도 한다.

> 빗방울 고인 웅덩이는
> 참새들의 놀이터
>
> 까치발로 콩콩 걷다가
> 젖은 발 말리려고 나뭇가지로 날아들었다가
>
> 웅덩이에 다시 모여
> 마주 보며 폴짝폴짝
>
> 엉덩이는 흙탕물 범벅
> 얼굴엔 웃음 범벅
> ―「참새와 빗방울」 전문

문정석 시인의 작품을 천착하는 동안 '아기'와 '꽃', '나비', '새'처럼 조그맣고 아름다운 생명체를 객관적 상관물로 도입한 작품이 많다는 것을 알았다. 그만큼 시인의 내면이 깨끗하고 아름답다는 의미가 될 것이다. 필자는 시 중에서도 동시적 정서를 내재한 작품을 좋은 시라고 서슴없이 언급해 왔다. 세상 물정에 젖어 들기 이전의 순수

한 모습과 그것에 내재된 정신, 그것은 학습되기 이전의 깨끗한 마음일 것이기 때문이다. 시는 그러한 초석 위에 세워지는 순정한 탑인 것이다.

시 「참새와 빗방울」을 보면, 참새들의 행위에서 순진무구한 아가를 유추할 수 있다. 참새가 첨벙거리는 모습은 천방지축으로 장난치는 아기와 유사한 모습을 보여 주기 때문이다. 참새가 아닌 아기라 해도 "빗방울 고인 웅덩이는" 그냥 지나치지 못했을 것이다. 그래서 웅덩이는 그들의 놀이터가 되고, "까치발로 콩콩 걷다가/젖은 발 말리려고 나뭇가지로 날아들었다가", "웅덩이에 다시 모여/마주 보며 폴짝폴짝" 뛰면서 "엉덩이는 흙탕물 범벅"이 되어도 "웃음 범벅"을 피워내는 것이다.

이 작품은 동영상을 보는 듯 생기발랄하고 상쾌하여 피아노 건반 위로 통통 튀어 오르는 음악 소리까지 들리는 듯하다. 똑같은 현상을 보고도 시인들의 형상화는 다를 수밖에 없는데, 문 시인의 시안(詩眼)은 아이들의 크레파스 그림처럼 오염되지 않은 것이 틀림없다.

엄마 손등 같은 언덕에

연한 바람이 뒹굴고

노랑 하양 빨강 꽃들이 징검다리를 놓으면

개울물 소리 들으며

너에게 간다
―「봄 마중」 전문

기와지붕 아래서 아침을 여는 참새 가족
우르르 쏟아져 내려와
삼월을 쪼아댈 때

마른 풀섶에서

꼼지락

ㅂㅗㅁ
―「봄」 전문

인용한 두 작품은 시제도 비슷한 「봄 마중」과 「봄」이다. 동심을 지닌 눈에는 '봄'의 현상 또한 아이의 눈으로 포착되는데, "엄마 손등 같은 언덕"은 어떤 언덕을 의미할까? 일하느라 가꾸지 못한 엄마 손이 거친 명석 같다면, 봄이 오기 전의 마른 언덕 또한 명석과 같을 것이다. 그 언덕에 "연한 바람이 뒹굴"면 "노랑 하양 빨강 꽃"이 연달아 피어나고, 화자는 그 꽃들의 징검다리를 밟고 "개울물 소리 들으며" 봄을 맞으러 간다. 크레파스 그림처럼 꽃들의 이미지가 도화지 위에서 청순하기만 하다.

시 「봄」 역시 짧은 형상화 속에 선명한 이미지가 내재하고 있다. 겨우내 몸 사리던 참새 가족이 "우르르 쏟아져 내려와/삼월을 쪼아"대는데, 이 구절을 역설적으로 표현하면, '참새가 쏟아져 내려와 모이를 쪼아댈 때'가 바로 '삼월'인 것이다. 삼월은 봄을 상징하는 계절이므로, "삼월을 쪼아댈 때//마른 풀섶에서"는 봄이 꼼지락거리기 시작한다. '봄'을 분철하여 "ㅂㅗㅁ"이라고 표현한 것은, 운율을 고려하면서 시각적 효과를 얻기 위한 장치일 것이다.

인용한 시 외에도 문정석 시인의 작품은 이미지즘을 추구한 것이 많다. 그중에서도 「파란 연못」과 「개망초」, 「봄」, 「꽃밭과 새」 등이 대표적인데, 지면 관계상 언급하지 못하는 것이 아쉬울 뿐이다.

4.

어떤 측면에서 시는 삶에 대한 성찰, 자기반성적 글이라고 언급할 수 있겠다. 자신의 족적을 돌아보다가 후회하고 반성하면서 다시는 그런 일이 없어야겠다고 다짐하는 중에 탄생하는 속죄 양식이기도 한 것이다. 작품을 형상화할 때, 시는 세계 속의 타자 즉 꽃과 나무, 새와 사슴을 비롯하여 산과 바위, 물과 같은 무생물에 이르기까지 다양한 사물을 은유해 온다.

  이때 작품에 은유되는 사물들은 주제를 직접 드러내지 않기 위해 빌려온 객관적 상관물이 되는데, 객관적 상관물의 도입은 주제를 전면에 내세우지 않는 시 쓰기의 기법에서 중요한 역할을 한다.

    햇볕이 잘 드는 곳에 두고 사랑을 주어도 말라가더니
    바닥에 쌓이는 마른 이파리

    될 대로 되라지
    방치한 화분에서 돋아나는
    여린 손가락

    질긴 시간 참아낸 고통을
    헤아리지 못했다

    훅,

    던져버린 한마디가

몹시 아프다

　　　　　　　　　　　　　—「그날」 전문

  시「그날」을 보면, 정성을 다해 화분을 돌봐도 건강하게 자라주지 않자 "될 대로 되라"는 심정으로 방치하기에 이른다. 그런데, 많은 시간이 지난 어느 날 처박아 둔 화분에서 새순이 돋는다. 그동안 얼마나 애를 쓰며 삶을 밀어 올렸을까? "질긴 시간 참아낸 고통을/헤아리지 못"하고, 맘대로 되지 않는다고 '훅 던진 한마디가' 미안하고 아프다.

  화분 이야기를 하고 있는 듯하지만, 실은 인간사를 풀어나가기 위해 화분은 객관적 상관물로 도입되었을 뿐이다. 인간사 중에서도 자식을 키우는 일은 얼마나 힘든가. 정성을 다하면 쑥쑥 커서 권력자가 되고, 멋진 아티스트가 되어 주리라 믿었지만, 마음대로 되지 않는 게 자식의 일이다. 인내심이 한계에 이르면 하지 말아야 할 말을 내뱉기도 하는데, 지나놓고 보면 후회스러울 뿐이다.

  그러한 후회가 이 작품을 탄생시키지 않았을까? 대충 읽으면 화분 이야기라고 치부해 버릴 수 있지만, 곱씹어 보면 곡진한 삶의 단면이 내재하고 있다는 걸 인지하게 된다. 비극적 카타르시스가 미적 감동을 몰고 오듯, 후회하고 반성하는 이 작품도 아름다운 감동이 너울처럼 밀려온다.

    펑 뚫린 구멍
    흘려보내기만 하더니
    틈새에 씨앗 하나 품었다

    빗물이 고운 흙으로 뿌리를 덮어 주고
    바람은 더 많은 친구를 불러왔다

    달개비꽃 토끼풀 제비꽃
    꽃섬이 되어 웃음소리 높다

    하수도 뚜껑에서
    꽃향기 난다
                        —「꽃섬」 전문

  모두가 허투루 보고 지나가는 사이, 시인은 하수구 뚜껑에 건설된 또 하나의 우주를 지나치지 못한다. "펑 뚫린 구멍"으로 빗물을 "흘려보내기만 하더니" 어느 날부터인가, 빗물은 "고운 흙으로 뿌리를 덮어주고/바람은 더 많은 친구를 불러"와 "달개비꽃 토끼풀 제비꽃"이 어우러진 "꽃섬"을 만들었다. 하수구 뚜껑을 꽃섬으로 은유한

이유는 무엇일까? 하수구 뚜껑은 시멘트나 아스팔트로 포장된 도로 위에 있을 것이고, 포장된 도로는 꽃이 뿌리내리지 못하는 죽음의 바다로 치환할 수 있는데, 죽음의 바다 한가운데서 하수구 뚜껑은 꽃들을 거느린 꽃섬이 된 것이다.

  시궁창 냄새가 물씬거려야 할 "하수도 뚜껑에서" 이제는 "꽃향기"까지 난다. 아무려면 꽃향기가 났겠는가? 꽃들을 보면서 시인이 상상해 낸 후각적 이미지일 것이다. 이 작품은 시제도 아름답고 구상도 참신하다. 외진 곳, 소외된 세계를 관찰하는 안목이 경이로울 뿐이다.

    돌멩이 틈을 비집고 나온 꽃잎,
    애벌레가 야금야금 둥근 상처를 그려 나간다

    씰룩거리며 오르내린 자리
    줄기만 앙상하다

    꽃잎을 내준 꽃대는
    바람을 탓하지 않으며
    피워낼 만큼 다시 밀어 올린다

    호랑나비 날아와

씨방에 꽃씨 하나 떨군다

또 하나의 꽃밭이
길을 낸다
―「길을 낸다」 전문

여린 꽃잎 하나가 겨우 "돌멩이 틈을 비집고" 나왔는데, "애벌레가 야금야금 둥근 상처를" 그리며 갉아먹기 시작한다. 고개를 씰룩거리며 몇 번 더 오르내리자 꽃은 '앙상한 줄기만' 남는다. 그런데도 "꽃대는/바람을 탓하지 않"은 채 "피워낼 만큼 다시 밀어 올린다". 꽃의 행위에서 자연에 순응하는 끈질긴 생명을 목격할 수가 있다. 바람을 탓하지 않았다고 하지만, 실은 애벌레를 탓하지 않은 채 묵묵히 혼신의 힘으로 잎을 피워 올린 것이다.

역경을 딛고 꽃을 피운 자리, "호랑나비 날아와/씨방에 꽃씨 하나 떨군다". 꿀을 빨기 위해 날아온 나비가 꽃가루를 수정시켜 씨를 맺게 한 것이다. 갉아 먹히면서도 마지막 잎을 피워 올리고, 호랑나비가 거들자 꽃은 생명으로서의 사명을 완수하고 '꽃의 길'을 내게 된 것이다. 꽃의 길은 종족을 번식시키며 길이길이 이어질 것이다.

시적 비유에서 '길'은 한 사람의 일생을 의미한다. 태어나고 자라 죽음을 맞이하는 과정을 돌아보면 하나의 길로 이어져 있음을 알 수 있다. 길은 넓은 길, 좁은 길, 아스팔트 길, 자갈길, 오르막길, 내리막길 등이 교차하면서 한 인간의 생을 그려주는 것이다. 이 같은 '길의 은유'를 충분히 내면화했기 때문에 「길을 낸다」처럼 심도 있는 작품을 탄생시킨 것이다.

5.
살펴본바, 문정석 시인은 동심을 지녔을 뿐 아니라 이타적인 사랑이 강한 휴머니스트이기도 하고, 우주의 세밀한 관찰자이기도 하다. 그의 작품은 깨끗한 크레파스 그림 같기도 하고, 세계에 대한 연민이 물씬 묻어나는 연서 같기도 하다. 그의 작품에서 비판적인 요소를 찾아볼 수 없는 것은 세계관이 몹시 긍정적이기 때문이다.

시 창작 현장에서 경험한 결과, 시를 좋아하는 사람이 끝내 깃발을 차지한다. 엊저녁 통화에서 나태주 시인은 '시인의 기질'을 언급하셨다. 좋은 시인은 시를 내 몸같이 여기며 늘 손잡고 다니는 사람이라고 했다. 시를 통해 무엇을 얻으려고도 하지 않고, 그저 시가 좋아서 쓰는 사람이라고 했다. 문정석 시인은 첫 마음을 구부리지 않고 나아가는 시인이기에 미래를 그려보는 눈이 환할 수밖에 없다.

첫 시집을 출산하기까지 산고가 심했을 것으로 안다.

첫아기를 건강하게 낳았으니 여유롭게 둘째, 셋째를 빚어나가면 될 것이다. 시인의 앞날에 꽃이 만개하길 바라며 두서없는 글을 마친다.

참새와 빗방울

2024년 9월 20일 초판 1쇄 펴냄

지은이 _ 문정석
펴낸이 _ 양문규
펴낸곳 _ 詩와에세이

신고번호 _ 제2017-000025호
주   소 _ (30021)세종특별자치시 조치원읍 충현로 159, 상가동 107-1호
대표전화 _ (044)863-7652
팩시밀리 _ 0505-116-7653
휴대전화 _ 010-5355-7565
전자우편 _ sie2005@naver.com
공 급 처 _ 한국출판협동조합
주문전화 _ (02)716-5616
팩시밀리 _ (031)944-8234~6

ⓒ문정석, 2024
ISBN 979-11-91914-64-1 (03810)

* 지은이와 협의하여 인지는 생략합니다.
* 이 책 내용의 전부 또는 일부를 재사용하려면 반드시 지은이와
  詩와에세이 양측의 동의를 받아야 합니다.
* 책값은 뒤표지에 표시되어 있습니다.
* 본 도서는 충청남도, 충남문화관광재단의 후원으로 발간되었습니다.

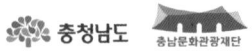